Sete passos
para rezar com
Teresa
de Ávila

Sete passos para rezar com Teresa de Ávila

Frei Patrício Sciadini, OCD
(Abuna Batrik Sciadini, OCD)

Edições Loyola

Preparação: Mônica Aparecida Guedes
Capa: Viviane B. Jeronimo
   Imagem de Irmã Helena Marcondes, FMA
Diagramação: Ronaldo Hideo Inoue
Revisão: Fernanda Mizioka

Edições Carmelitanas, OCD
Rua Piauí, 844 – Higienópolis
01241-000 São Paulo, SP
T 55 11 3660 1220
edicoesocd@gmail.com
www.carmelo.com.br

Edições Loyola Jesuítas
Rua 1822, 341 – Ipiranga
04216-000 São Paulo, SP
T 55 11 3385 8500
F 55 11 2063 4275
editorial@loyola.com.br
vendas@loyola.com.br
www.loyola.com.br

Todos os direitos reservados. Nenhuma parte desta obra pode ser reproduzida ou transmitida por qualquer forma e/ou quaisquer meios (eletrônico ou mecânico, incluindo fotocópia e gravação) ou arquivada em qualquer sistema ou banco de dados sem permissão escrita da Editora.

ISBN 978-85-15-04317-0

© EDIÇÕES LOYOLA, São Paulo, Brasil, 2015

Sumário

7	**Apresentação**
12	**1º passo** Colocar-se na presença de Deus
14	**2º passo** Ler um texto
17	**3º passo** Meditar
19	**4º passo** Diálogo com Deus
22	**5º passo** Tomar decisões
25	**6º passo** Ação de graças
27	**7º passo** Retornar ao trabalho
29	Suma teológica teresiana

Apresentação

São 500 anos desde que, naquele 28 de março de 1515, em Ávila, a cidade das belas muralhas, nascia uma menina que devia revolucionar o mundo da espiritualidade, do Carmelo e da Igreja: Teresa de Cepeda y Ahumada, mais conhecida hoje como Teresa de Ávila ou Teresa de Jesus. Uma vida rica humanamente e favorecida por Deus com muitos carismas e dons. Descendia de uma família de judeus conversos. O seu avô chamado "o Toledano" tinha experimentado a dureza da Inquisição, mas com arte conseguiu fugir das fortes punições e lutou para dar aos filhos uma certidão de "sangue limpo" e de "fidalguia". Contudo, por que Teresa se tornou na Igreja e no mundo mestra de oração? Não por ter estudado muitos livros, nem por ter cursado retiros especiais para aprender a rezar, mas por um dia ter decidido — como ela diz, "com determinada determinação" — percorrer o caminho para a fonte da água viva, que é Cristo, e, como a samaritana, por ter experimentado a alegria de reconhecer Jesus como profeta, messias e salvador.

Na vida de santa Teresa podem se destacar quatro chaves de leitura, que nos ajudam a compreender sua vida e a dar um sentido à nossa vida, tantas vezes vazia, superficial, que tenta preencher isto com coisas passageiras, enquanto não encontra o *solo Dios basta*:

1. Buscar a verdade: Teresa é uma buscadora da verdade. Tem horror à mentira. Lendo seus escritos, percebemos que ela quer ser honesta consigo mesma, com os outros e com Deus. Isto lhe permite sentir-se na oração como um espelho que tem a única finalidade de refletir o rosto luminoso de Deus. Mais tarde outra grande carmelita descalça, Edith Stein, dirá: "Por muito tempo a busca da verdade foi a minha única oração". Essa verdade que não é uma ideologia, mas uma pessoa, Deus, que se revela pela força do Espírito Santo na pessoa de Jesus, bom amigo, redentor, companheiro de todos os momentos do caminho. A oração para Teresa é a experiência da verdade no mais íntimo de si mesma.
2. Buscar a Deus no outro: é interessante a visão que Teresa tem da pessoa humana. Com uma intuição genial, que lhe vem depois do encontro com o Cristo na Eucaristia, ela concebe o ser humano como um "castelo todo luminoso", feito de muitas moradas, e na morada central habita Deus. Esse castelo é o ser humano, e a porta para entrar nele é a oração e a meditação. Sem uma vida de profunda oração não nos é possível nem compreender nem amar os outros. A maneira melhor para amar os outros é fazer o bem, escolher para si mesmo os trabalhos mais difíceis e ver nos olhos dos outros o reflexo da grandeza de Deus. Ao mesmo tempo, a oração para Teresa é saber ver a Deus em todas as coisas, momentos, lugares e trabalhos: "mesmo entre as panelas da cozinha Deus está".
3. Criar laços de amizade: em Teresa é muito forte a necessidade da comunicação. Ela é comunicativa e comunicadora. Não entende a oração como fuga dos outros e de suas responsabilidades. Busca-se a solidão para estar com Deus e para depois estar melhor com os demais. Esta sede de comunicação lhe faz compreender que a oração não consiste em muito pensar, mas sim em muito amar. Para ela, mulher e afetiva, na oração se realiza todo o seu ser, num "diá-

logo de amor, estando muitas vezes a sós com aquele que sabemos que nos ama".
4. Evangelizar, anunciar Jesus: é difícil entender Santa Teresa de Ávila sem esta dimensão forte de evangelização, de comunicar o amor que ela tem por Cristo, pela Igreja, pelos outros. Diante das dificuldades de comunicação do seu tempo, ela não se fecha num estéril intimismo, mas abre novos caminhos de evangelização com a oração e a oferta da vida pela Igreja e por todos os que necessitam. Na sua oração, ela abraça o mundo e convida a todas as suas monjas e todos os seus frades a fazer o mesmo. A nova dimensão espiritual teresiana é que cada um de nós, desde seu lugar social, humano, pessoal e comunitário, não pode nem deve fechar-se no egoísmo espiritual. É necessário sair de si mesmo e sentir a humanidade. Teresa assim percorre o mundo conhecido de seu tempo e vai às periferias, colocando seus conventos no coração das cidades, para que sejam a lâmpada acesa nas noites da fé e que rompam, com sua luz, os egoísmos humanos da honra, do poder, do consumismo dos ricos, que empobrecem sempre mais os sem voz e sem vez.

Estas quatro chaves de leitura nos oferecem um caminho para que, por meio da oração e da pastoral da oração, possamos chegar a todos os lugares do mundo. No Brasil, eu tinha sobre minha mesa um pequeno "globo do mundo", e todos os dias me permitia o luxo de viajar por todos os países, sem pagar bilhete e sem sair de casa, abraçando a todos e todas pela oração. Teresinha do Menino Jesus nos ensina que não há fronteiras para o amor, a oração e o sacrifício.

O caminho teresiano da oração

Teresa nunca escreveu um "método de oração", então, por que se fala do caminho de oração de Santa Teresa de Ávila? Ela não nasceu sabendo rezar, aprendeu e se enamorou da oração e foi sempre mais convencida de que, por meio deste meio, poderia fazer algo de grande para toda a Igreja.

Se você um dia decidir aprender qualquer coisa, vai necessitar de um mestre que lhe ensine, e depois vai se aperfeiçoando com o exercício. Ninguém nasce sabendo tocar o violão, nem jogar futebol e nem pintar. Vai aprendendo. Assim é na oração. Se você for numa livraria e perguntar por um método para se tocar violão, colocarão na sua frente no mínimo quinze livros, e todos são bons, ótimos. Contudo, a compra de um livro e de um violão não é suficiente, precisa-se de exercícios e determinação, assim é a oração. O mesmo Jesus, no Evangelho, nos diz como devemos rezar e como não devemos rezar. E um dia Ele mesmo, diante do pedido dos discípulos "Mestre, ensina-nos a rezar", não deu um método, simplesmente rezou.

> 1 Um dia, Jesus estava orando num certo lugar. Quando terminou, um de seus discípulos pediu-lhe: "Senhor, ensina-nos a orar, como também João ensinou a seus discípulos". 2 Ele respondeu: "Quando orardes, dizei: Pai, santificado seja teu nome; venha o teu Reino; 3 dá-nos, a cada dia, o pão cotidiano, 4 e perdoa-nos os nossos pecados, pois nós também perdoamos a todo aquele que nos deve; e não nos introduzas em tentação" (Lc 11,1-4).

Teresa recebeu um dia um livro do seu tio Pedro: *Terceiro abecedário da oração*, de Francisco de Osuna, e foi a centelha que lentamente incendiou seu coração com a chama da oração, que nunca se apagou, porque a água do amor não apaga o fogo, mas o faz mais forte.

Dos seus escritos podemos destacar sete passos para se rezar. É o que queremos oferecer na comemoração destes 500 anos do nascimento de Santa Teresa. É um livrinho pequeno, que poderá ajudar aos "amigos fortes de Deus", que são as pessoas que se decidem a tomar o caminho da oração. Sem medo e nem escutando os que tentam desaconselhar, a pessoa vai em frente, "aconteça o que acontecer", até chegar à fonte da água viva.

Bom caminho para você! Eu posso lhe garantir uma coisa: sigo esse caminho e me sinto bem. Não aprendi ainda a rezar, mas me esforço em ser fiel todos os dias a "ficar com o amigo Jesus", sem dizer muitas coisas, lendo, fechando os olhos, meditando e depois tentando viver no dia a dia. Não sei fazer mais. Contudo, é o que posso oferecer: nesta oração abraçar a humanidade e levar diante de Deus a todos, sem distinção, que Deus coloca no meu caminho. A oração diária é necessária, é respiro. Nada de complicado, é deixar que o Espírito Santo reze em nós. Não somos nós que rezamos, mas é a força de Deus, que nos sugere as palavras certas na hora certa. Rezar é ter os olhos purificados, com menos neblina e maldade, e ver em todos e em todas as coisas a fotografia de Deus, Pai, Filho e Espírito Santo. Na oração nunca estamos sozinhos, sempre estamos circundados pelos santos, nossos amigos, e pela humanidade peregrina, que com esforço, tenta avançar lançando sementes de esperança nos desertos da vida, que um dia florescerão.

Frei Patrício Sciadini, OCD
(Abuna Batrik Sciadini, OCD)

Egito, 24 de junho de 2015,
desertos e noites plenas na luz da oração.

1º passo

Colocar-se na presença de Deus

É difícil começar a oração sem uma preparação e a decisão de dedicar, todos os dias, um tempo estabelecido à oração: uma hora de manhã, uma à tarde, meia hora, não menos de 20 minutos, sabendo que este tempo não é mais nosso, mas é o tempo "oferecido a Deus", e procurarmos ser fiéis, mesmo com sacrifício. Deus não tira férias... No início da oração fazer o sinal da cruz, invocar o Espírito Santo, porque é ele que reza em nós e grita *"Abba* Pai!". Rezar o "Confesso a Deus...". Reconhecer que somos pecadores e necessitamos de Deus. Renovar a nossa fé, rezando o Credo. Todos estes gestos nos ajudam a sentir perto de nós a presença viva do Senhor. Criar um ambiente de silêncio, de solidão, de escuta amorosa de Deus, que quer falar ao nosso coração. "Tomar-te-ei pela mão e conduzir-te-ei ao deserto, porque quero falar ao teu coração" (cf. Os 2,16). Entrar pela porta da oração, no "castelo interior" da nossa alma, como diz Santa Teresa, onde habita a Santíssima Trindade, e o Rei, sua Majestade, nos espera.

> Na terça-feira depois da Ascensão, tendo estado algum tempo em oração depois de comungar, aflita, porque me distraía de

uma maneira que me impedia de fixar-me numa coisa, queixei-me ao Senhor da nossa miserável natureza. Minha alma começou a se inflamar, parecendo-me que entendia claramente que tinha presente toda a Santíssima Trindade em visão intelectual. Nela, por certa maneira de representação (que era uma figura da verdade para que eu, em minha rudeza, pudesse entender), minha alma entendeu que Deus é trino e uno; assim, parecia-me que as três Pessoas me falavam e se representavam distintamente dentro de minha alma. Disseram-me que, a partir desse dia, eu veria melhora em mim em três coisas, porque cada uma dessas Pessoas me concedia uma graça: na caridade, no padecer com contentamento e no sentir essa caridade com abrasamento na alma. Compreendi as palavras que o Senhor diz — "Estarão com a alma em graça as três Pessoas Divinas" —, porque as via dentro de mim do modo como disse (*Relações* 16,1).

Esta presença de Deus não acontece com um toque mágico. Para percebê-la, devemos criar um ambiente de oração, isto é, de silêncio, de solidão. Afastar de nós tudo o que pode dispersar-nos. Não será possível rezar se o centro do nosso amor não é Deus. "Onde está nosso tesouro, aí está nosso coração!" Se nosso tesouro é a televisão, a internet, o dinheiro, a fama, a honra, as distrações de todo tipo, uma vida mundanizada, se dentro de nós habita de tudo e de todos, não sentiremos nem experimentaremos esta doce presença de Deus.

Colocar-se na presença de Deus é ter a coragem de estar, por aquele tempo que decidimos rezar, só com Ele. Desligue o telefone, só o Senhor merece toda a nossa atenção e todo o nosso amor. E isto não só um dia, mas todos os dias. Lentamente nos será fácil entrar em comunhão com o Senhor, que vive dentro de nós.

2º passo

Ler um texto

Teresa dava muita importância à leitura, sempre trazia um livro consigo. Gostava de ler ou pensar sobre a vida de Jesus, segundo o estado de ânimo em que vivia. Se estava triste, a paixão; se estava feliz, a ressurreição. No início de sua oração, lia a Palavra de Deus, um livro bom. Existem dias em que é impossível rezar sem a ajuda de um livro. Não transformemos, porém, nossa oração em leitura contínua, ou em escutar música o tempo todo; que ela seja uma palavra substanciosa que nos alimente e nos dê coragem. O livro preferido é a Bíblia, ou outro livro que conhecemos, que nos ajude a refletir e rezar, como os Salmos etc.

Sabemos que Teresa sempre foi uma "devoradora de livros". Isto ela aprendeu na própria família, pois o pai tinha uma boa biblioteca de livros religiosos, e a mãe uma boa biblioteca de livros de cavalaria, livros de romance, que tanto a mãe como a filha gostavam. Lentamente Teresa abandona esse tipo de leitura, encontra no seu caminho outros livros, que muito vão ajudar, como as *Cartas de São Jerônimo*, o *Terceiro abecedário*, de Francisco de Osuna, as *Confissões* de Santo Agostinho, os *Comentários sobre Jó*, de São Gregório, e especialmente a *Bíblia Sagrada*, que escutava e lia com muito amor. E quando é proibida a Bíblia em língua vulgar, ela sofre, mas Jesus a consola:

> Senti muito quando se proibiu a leitura de muitos livros em castelhano, porque alguns muito me deleitavam, e eu não poderia mais fazê-lo, pois os permitidos estavam em latim; o Senhor me disse: *Não sofras, que te darei livro vivo*. Eu não podia compreender por que Ele me dissera isso, pois ainda não tinha tido visões. Mais tarde, há bem poucos dias, o compreendi muito bem, pois tenho tido tanto em que pensar e em que me recolher naquilo que me cerca, e tenho tido tanto amor do Senhor, que me ensina de muitas maneiras, que tenho tido muito pouco ou quase nenhuma necessidade de livros. Sua Majestade tem sido o livro verdadeiro onde tenho visto as verdades. Bendito seja esse livro, que deixa impresso na alma o que se há de ler e fazer, de modo que não se pode esquecer! (*Livro da Vida* 26, 5).

Ela sempre deu importância a um livro na oração. O livro na meditação é como um copo de água. Bebe-se um pouco e depois se degusta o que temos bebido ou lido.

> Agora acho que a Providência Divina quis que eu não encontrasse quem me ensinasse. Eu não teria conseguido perseverar na oração nos dezoito anos em que me acometeram tamanhos sofrimentos e aridez, visto não poder fazer oração discursiva, sem as leituras. Por todo esse tempo, eu não me atrevia a começar a orar sem livro, exceto quando acabava de comungar; minha alma temia tanto orar sem livro que era como se tivesse de enfrentar um exército. Com esse recurso, que era uma companhia ou escudo que amortecia os golpes dos muitos pensamentos, eu obtinha consolo. Porque a aridez não costumava vir quando eu tinha um livro; os pensamentos se recolhiam carinhosamente, e o espírito se concentrava. Muitas vezes, o simples fato de ter o livro à mão bastava. Em algumas ocasiões, eu lia pouco e, em outras, muito, a depender da graça que o Senhor me dava.
>
> Eu tinha a impressão, nesses primeiros anos de que falo, de que, com livros e solidão não corria o risco de perder tanto

bem; e creio, com o favor de Deus, que o teria perdido se tivesse tido mestre ou alguma pessoa que desde o início me ensinasse a fugir dos perigos ou a evitá-los tão logo me visse enredada neles. E, se o demônio me atacasse abertamente na época, penso que de nenhuma maneira me levaria a cometer um pecado grave. Mas ele foi tão sutil, e eu, tão imperfeita, que pouco aproveitei de todas as minhas determinações, embora aqueles dias em que servi a Deus, sofrendo as terríveis doenças que tive, com toda a grande paciência que Sua Majestade me deu, muito me tenham servido (*Livro da Vida* 4,9).

No entanto, o livro mais belo para Teresa era contemplar a natureza.

Eu também me beneficiava de ver campos, águas, flores; encontrava nessas coisas a lembrança do Criador, isto é, elas me despertavam e me recolhiam, servindo-me de livros, ao mesmo tempo que me lembrava da minha ingratidão e dos meus pecados. Era tão grosseiro o meu intelecto que jamais pude imaginar coisas do céu ou coisas elevadas, até que o Senhor as representasse de outra maneira para mim (*Livro da Vida* 9,5).

Não devemos, porém, transformar nosso tempo de oração só em ler e contemplar a natureza, mas em momentos de grande amor, glória e adoração do Criador, em intercessão para todas as necessidades da humanidade. Que a leitura seja um bom alimento, como diz o profeta:

1 Ele me disse: "Filho do homem, come o que tens diante de ti! Come este rolo e vai falar à casa de Israel". 2 Eu abri a boca e ele me fez comer o rolo, 3 dizendo: "Filho do homem, alimenta teu ventre e sacia as entranhas com este rolo que te dou". Eu o comi, e era doce como mel em minha boca. 4 Ele me disse: "Filho do homem, vai! Dirige-te à casa de Israel e fala-lhes com minhas palavras. 5 Pois não é a um povo de fala estranha e língua pesada que foste enviado, mas à casa de Israel (Ez 3,1-5).

3º passo

Meditar

Uma vez lido o texto é bom fechar o livro e refletir sobre o que temos lido, colocando-nos algumas perguntas que são importantes para nossa vida: Que diz o texto? Como o diz? A quem o diz? E que diz para mim? E como eu, hoje e agora, posso colocá-lo em prática? Estas reflexões nos ajudam a compreender a leitura, a entrar em nós mesmos, a espelhar-nos na Palavra de Deus, a mastigá-la e alimentar-nos dela. Meditar é pensar com a mente e com a inteligência...

Que quer dizer "meditar"? A palavra "meditar" significa simplesmente "trabalho da mente, refletir sobre o que temos lido, compreender". Nossa reflexão não deve, porém, levar-nos a estéreis considerações, mas a procurar com toda a atenção o que dizemos e a quem o dizemos. Meditar é procurar tirar a água do poço.

> O que pretendi dar a entender no capítulo anterior — embora tenha enveredado por outras coisas que me pareciam muito necessárias — foi o ponto até o qual podemos chegar por nós mesmos e a maneira como, nessa primeira devoção, podemos valer-nos dos nossos próprios recursos. Porque, ao pensarmos detalhadamente no que o Senhor passou por nós, alcançamos a compai-

xão, encontrando sabor nesse sofrimento e nas lágrimas que dele vêm; pensar na glória que esperamos, no amor que o Senhor teve por nós e em Sua ressurreição nos dá um prazer que não é de todo espiritual nem dos sentidos, mas é um prazer virtuoso e um pesar muito meritório. Assim são todas as coisas que causam devoção quando o entendimento está envolvido, muito embora, se Deus não a desse, não se poderia merecê-la nem ganhá-la. É muito bom que uma alma que só chegou até aqui graças ao Senhor não procure ir além por si — e muito se atente para isso —, para que não obtenha, em vez de lucro, prejuízo (*Livro da Vida* 12,1).

Um trabalho cansativo, mas necessário no início, se quisermos chegar a ter uma vida de intimidade com o Senhor. Meditar, para Teresa, é um trabalho "da inteligência" ou, como ela diz, "discursivo". Pensar é sem dúvida importante, mas não essencial. A oração para ela — o repetirá várias vezes e de várias maneiras — "não consiste em muito pensar, mas em muito amar".

Direis, filhas minhas, para que vos falo em virtudes quando tendes tantos livros que as ensinam, e que não quereis senão contemplação. Afirmo que, mesmo que pedísseis meditação, eu poderia falar dela e aconselhar todas a tê-la como prática, mesmo que não tivésseis virtudes; porque ela é um princípio para se alcançarem todas as virtudes, coisa que, para nós, cristãos, é questão de vida ou morte. Ninguém, por mais perdido que esteja, deve deixá-la, se Deus o despertar para bem tão grande, como eu já escrevi em outro lugar, e como o dizem outros tantos que sabem o que escrevem, pois eu por certo não o sei; Deus bem o sabe (*Caminho de Perfeição* 16,3).

Para um pouco de meditação basta isso, irmãs, mesmo que eu nada mais acrescentasse, porque aí podeis considerar as maravilhas e a sabedoria do nosso Deus. E o que seria se conhecêssemos as propriedades de todas as coisas? É de grande proveito que nos ocupemos em meditar nessas grandezas e nos alegremos de ser esposas de Rei tão sábio e poderoso (*Quintas Moradas* 2,2).

4º passo

Diálogo com Deus

Este é para Teresa o coração da oração, o centro. Para ela, a oração é diálogo de amizade, de amor, de confiança.

> Para mim, a oração mental não é senão tratar de amizade — estando muitas vezes tratando a sós — com quem sabemos que nos ama (*Livro da Vida* 8,5).

Este diálogo deve ser coração a coração com Deus, na simplicidade e na honestidade do amor. Falamos com Deus, levando diante dele tudo o que temos em nosso coração, nossa vida diária, e não na vida ideal ou fictícia, inexistente. A oração nasce da vida e volta à vida. São os problemas, os afetos, as preocupações pessoais da família, do trabalho, alegrias e sofrimentos, e com a certeza de que Deus nos escuta sempre, com amor e atenção. Nunca Deus está distraído e preocupado com outras coisas. Deus deseja ter amigos fortes no amor. Rezar junto aos outros, conversar sobre Deus, escutar juntos, partilhar. O Deus de amor que encontramos na oração não é nossa "propriedade exclusiva", mas devemos compartilhá-lo com os outros. Teresa o fez com seus livros, seus diálogos, suas amizades. E hoje, nós, como o fazemos? Com a internet, *Facebook* etc. Todos os meios devem servir para anunciar a Deus, e não a nós mesmos.

Para compreender melhor este texto, creio que seja suficiente compreender três coisas:

1. Para Santa Teresa, a oração é encontro de amor, amizade, espontaneidade, deixar o coração falar e não ter pressa de terminar. Os encontros com o amigo Jesus são sempre encontros de alegria, mesmo que nem sempre sejam fáceis;
2. O silêncio é uma forma de amizade, de escuta. O diálogo não é afogar o outro, neste caso Deus, com nossas palavras, mas é colocar-nos numa atitude de escuta, de adoração, de amor. Estar com o amigo não só para falar, também para escutar. A alegria de estar com ele não é pela alegria que recebemos, mas pela alegria que proporcionamos ao amigo;
3. Nunca deixar este diálogo que pode até ser "árido, doloroso, difícil". O que importa é nossa fidelidade ao amigo, sabendo que Deus, nosso amigo, é sempre fiel. Diálogo é dar espaço ao outro, e Deus quer ser o centro de nosso amor e nossa atenção. Leiamos uma das páginas mais belas de Santa Teresa:

> O bem que quem pratica a oração — refiro-me à oração mental — obtém já foi tratado por muitos santos e homens bons. Glória a Deus por isso! Se assim não fosse, embora pouco humilde, eu não sou tão soberba que me atrevesse a falar disso.
>
> Do que tenho experiência posso falar: quem começou a ter oração não deve deixá-la, por mais pecados que cometa. Com ela, terá como se recuperar e, sem ela, terá muito mais dificuldades. E que o demônio nunca tente ninguém como tentou a mim, levando-me a abandonar a oração por humildade; creiam-me que as palavras do Senhor não hão de faltar se nos arrependermos de verdade e tivermos o firme propósito de não mais ofendê-Lo; nesse caso, Ele nos recebe com a mesma amizade, concedendo-nos as mesmas graças de antes e, às vezes, se o arrependimento fizer jus a isso, muitas mais.
>
> Por isso, peço aos que ainda não começaram que, por amor a Deus, não se privem de tanto bem. Não há o que te-

mer, mas o que desejar. Porque, mesmo que não vá adiante nem se esforce pela perfeição, a ponto de merecer os gostos e os regalos que Deus dá aos perfeitos, ao menos vai conhecendo o caminho que leva ao céu. Se perseverar, tudo espero da misericórdia de Deus, pois ninguém fez amizade com Ele *sem dele obter grande recompensa.* Para mim, a oração mental não é senão tratar de amizade — estando muitas vezes tratando a sós — com quem sabemos que nos ama. E se ainda não O amais (porque, para que o amor seja verdadeiro e duradoura a amizade, deve haver compatibilidade; o Senhor exige, como se sabe, que não se cometam faltas, que se seja perfeito; nós, no entanto, somos viciosos, sensuais e ingratos), não podeis por vós mesmos chegar a amá-Lo, porque não é de vossa condição; mas, levando-se em conta o muito que Ele vos ama e quanto vale ter a Sua amizade, passai pelo sofrimento de estar muito na presença de quem é tão diferente de vós (*Livro da Vida* 8,5).

5º passo

Tomar decisões

Depois de escutar a Deus, ter falado com Ele, é o tempo de partir de novo para nossas preocupações, para o trabalho. Termina o momento de Marta e começa o de Maria, termina o de Maria e começa o de Marta.

> 38 Jesus entrou num povoado, e uma mulher, de nome Marta, o recebeu em sua casa. 39 Ela tinha uma irmã, Maria, a qual se sentou aos pés do Senhor e escutava sua palavra. 40 Marta, porém, estava ocupada com os muitos afazeres da casa. Ela aproximou-se e disse: "Senhor, não te importas que minha irmã me deixe sozinha com todo o serviço? Manda pois que ela venha me ajudar!". 41 O Senhor, porém, lhe respondeu: "Marta, Marta! Tu te preocupas e andas agitada com muitas coisas. 42 No entanto, uma só é necessária. Maria escolheu a melhor parte e esta não lhe será tirada" (Lc 10,38-42).

Escutar Jesus e trabalhar com Ele e por Ele. Teresa nos recorda: "obras quer o Senhor!". "Pois isto é oração, filhas minhas; para isto serve este matrimônio espiritual: para fazer nascer obras, sempre obras!" (*Sétimas Moradas* 4,6).

Somos chamados a produzir frutos e frutos abundantes.

"1 Eu sou a videira verdadeira e meu Pai é o agricultor. 2 Todo ramo que não dá fruto em mim, ele corta; e todo ramo que dá fruto, ele limpa, para que dê mais fruto ainda" (Jo 15,1-2).

E não sermos árvores decorativas, mas sim árvores frutíferas na vinha do Senhor. Que frutos Deus espera de você? Sua oração não pode ficar sem frutos. A fé sem as obras é morta.

O ser humano é chamado a assumir suas responsabilidades diante de Deus, da sua consciência e dos outros. As decisões se tomam especialmente na oração. Por isso, depois do encontro de diálogo de amor com Deus, devemos nos decidir a fazer alguma coisa concreta para nossa vida. "Obras quer o Senhor" deve ser nossa decisão na oração; uma oração que permanece sem realizações concretas é inútil. O texto de Teresa:

> Nessa época, chegaram a mim notícias sobre os danos e os estragos causados na França pelos luteranos, e sobre o grande crescimento que essa seita experimentava. Isso me deixou muito pesarosa, e eu, como se pudesse fazer alguma coisa ou tivesse alguma importância, chorava com o Senhor e Lhe suplicava que corrigisse tanto mal. Eu tinha a impressão de que daria mil vidas para salvar uma só alma das muitas que ali se perdiam. E, vendo-me mulher, imperfeita e impossibilitada de trabalhar como gostaria para servir ao Senhor, fui tomada pela ânsia, que ainda está comigo, tendo Deus tantos inimigos e tão poucos amigos, de que estes fossem bons.
>
> Decidi-me então a fazer o pouco que posso: seguir os conselhos evangélicos com toda a perfeição e ver que essas poucas irmãs que aqui estão fizessem o mesmo. Depositei minha confiança na grande bondade do Senhor, que nunca deixa de ajudar a quem se determina, por Ele, a abandonar tudo. Eu pensava que, sendo elas como eu as via em meus desejos, meus defeitos não teriam força em meio às suas virtudes, e eu poderia contentar o Senhor em alguma coisa.
>
> Assim, ocupadas todas em orar pelos que são defensores da Igreja, pregadores e letrados que a sustentam, ajudaríamos no

que pudéssemos a este Senhor meu, tão atribulado por aqueles a quem fez tanto bem. Pode-se dizer que esses traidores querem pregá-Lo na cruz outra vez, privando-O de onde reclinar a cabeça (*Caminho de Perfeição* 1,2).

Quando vossas orações, vossos desejos, vossas disciplinas e vossos jejuns não estiverem voltados para isso de que falo, tende certeza de que não alcançais nem cumpris o objetivo para o qual o Senhor nos reuniu aqui (*Caminho de Perfeição* 3,10).

6º passo

Ação de graças

Teresa insiste em seus escritos sobre a necessidade que temos de agradecer, de cantar as misericórdias do Senhor, de abrir as portas do nosso coração para que Ele possa entrar e ser o dono e o Senhor. Estamos em sua presença sempre — "mesmo entre as panelas da cozinha está o Senhor". Somos chamados, como em uma bela frase dela, a "fixar nossos olhos em Cristo Jesus", que é bom amigo, companheiro, e agradecer-lhe sempre, por tudo, mesmo pelas cruzes, que são dons do seu amor. Ele prova os que Ele ama.

Rezar uma Ave-Maria, Pai-nosso, outras orações, o *Magnificat*... Cabe à criatividade de cada um de nós agradecer sempre, do jeito que Deus nos inspira.

Teresa é a cantora das misericórdias do Senhor. Ela sabe agradecer por tudo o que recebe de Deus e dos outros. Como é belo, depois de estarmos com Deus na intimidade da oração, tomar decisões e direcionar nossa vida mediante nosso agir melhor no relacionamento com os outros, e agradecer. O sentimento de agradecimento é o mais belo sentimento que Deus coloca no coração de cada um de nós. É especialmente escutar Deus que nos diz se sabemos amá-Lo de verdade, como Ele perguntou a Santa Teresa:

Estando uma vez em oração, fui invadida por tamanha felicidade que, sendo indigna de tal bem, comecei a pensar que merecia muito mais estar naquele lugar que eu tinha visto preparado no inferno para mim, porque, como venho dizendo, nunca me sai da memória a sensação que ali tive. Ao considerar isso, senti a alma inflamar-se mais, vindo-me um arroubo de espírito que não sei descrever. Eu parecia ter o espírito imerso naquela Majestade que de outras vezes percebi.

Compreendi nessa Majestade uma verdade que é a plenitude de todas as verdades; mas não sei descrever como, porque nada vi. Disseram-me (não sei quem, mas percebi que era a mesma Verdade): *Não é pouco o que faço por ti, sendo uma das coisas em que muito me deves; porque todo mal que vem ao mundo decorre de não se conhecerem as verdades da Escritura com clareza, da qual nem uma vírgula ficará por cumprir.* Pareceu-me que eu sempre tinha acreditado nisso e que todos os fiéis o creem. O Senhor me disse: *Ai, filha, quão poucos me amam de verdade! Se Me amassem, Eu não lhes encobriria meus segredos. Sabes o que é amar-Me com verdade? Entender que tudo o que não é agradável a Mim é mentira. Verás com clareza isso que agora não entendes pelo fruto que sentirás em tua alma* (Livro da Vida 40,1).

7º passo

Retornar ao trabalho

Devemos rezar sem nunca cessar, recorda-nos o apóstolo Paulo. Rezar e vigiar é o mandamento de Jesus para não cairmos nas tentações. A tentação pior é a preguiça. Há quem reze para não trabalhar. A oração constante e permanente é viver, como Elias, o profeta do absoluto, diante do Senhor, e escutar a mesma pergunta que foi feita a ele: "Que fazes tu aqui, Elias? (...) Estou diante do Senhor dos exércitos!" (cf. 1Rs 19,9-10). No entanto, Elias é chamado a descer novamente para a batalha da vida. Depois da oração, voltamos com mais alegria aos nossos trabalhos e generosamente nos damos ao Senhor.

Para Teresa, a qualidade da nossa oração se vê pela qualidade da nossa vida e vice-versa. Quem reza, ama, é paciente, vive a alegria, é sempre serviçal... Todos temos a possibilidade de verificar a qualidade de nossa oração pela qualidade de nossa vida. Uma árvore boa não pode dar frutos ruins e uma árvore ruim não pode dar frutos bons, recorda-nos Jesus. Assim, depois da oração, somos chamados a voltar com alegria aos nossos trabalhos e nunca ter medo do que o Senhor nos pede. O Senhor muitas vezes dizia para Teresa: "Por que você tem medo? Eu lhe deixei alguma vez sozinha? Vai em frente!" (*Livro da*

Vida 30,14). Na oração, nunca devemos nos deixar amedrontar pelo que dizem… Sempre em frente!

> Tudo isto requer "uma determinada determinação de não parar mais", criar um clima favorável ao encontro com Deus (silêncio, purificação, desapego das coisas que nos prejudicam, vida sacramental, participação na Eucaristia, ser atuantes na evangelização, na atividade da comunidade). Participar em tudo o que é bom e santo, fazer o bem, saber perdoar…

Para Jesus, como para Santa Teresa de Ávila: oração e vida são uma única realidade, uma se alimenta e vive da outra. Não podemos ser fiéis à oração por um dia, um ano, um mês, ou, de vez em quando; mas, sempre! E aí teremos frutos abundantes em todos os momentos de nossa vida. Aí, mais do que rezar, nós mesmos seremos oração.

Suma teológica teresiana

A suma teológica, mística e evangelizadora de Santa Teresa é a pequena poesia-oração que ela tinha em seu breviário. Façamos dela nossa oração e nossa vida.

> Nada te perturbe,
> Nada te atormente,
> Tudo passa.
> Deus não muda.
> A paciência tudo alcança.
> Quem a Deus tem, nada lhe falta.
> Só Deus basta!

Edições Loyola é uma obra da Companhia de Jesus do Brasil e foi fundada em 1958. De inspiração cristã, tem como maior objetivo o desenvolvimento integral do ser humano. Atua como editora de livros e revistas e também como gráfica, que atende às demandas internas e externas. Por meio de suas publicações, promove fé, justiça e cultura.

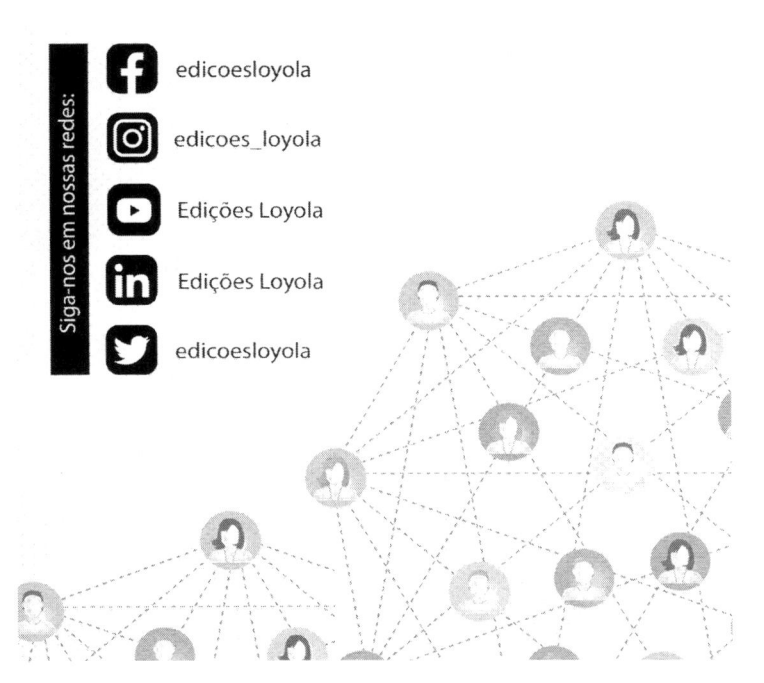

Siga-nos em nossas redes:

- edicoesloyola
- edicoes_loyola
- Edições Loyola
- Edições Loyola
- edicoesloyola

Edições Loyola

editoração impressão acabamento

rua 1822 n° 341
04216-000 são paulo sp
T 55 11 3385 8500
F 55 11 2063 4275
www.loyola.com.br